FAKE POETRY

Gedichte für Menschen,
die alles haben.
Auch Langeweile.

Hans-Werner Aschoff
Hartmut R. Berlinicke (Illustrationen)

Bibliografische Information der Deutschen Nationalbibliothek: Die Deutsche Nationalbibliothek verzeichnet diese Publikation in der Deutschen Nationalbibliografie; detaillierte bibliografische Daten sind im Internet über http://dnb.d-nb.de abrufbar.

Lektorat: Nelly Möller / Bernd Oeljeschläger
Satz: Ines Maria Mühlenhoff, Berlin
Druck: SP Print Media, Berlin
Verlag CULTURCON medien
Inh. Bernd Oeljeschläger
Melanchthonstraße 13
10557 Berlin
Telefon 030 / 34 39 84 40
Telefax 030 / 34 39 84 42
www.culturcon.de

Berlin 2017. Alle Rechte vorbehalten. ISBN 978-3-944068-68-8

INHALT

MENSCHLICHES 5

TIERISCHES 37

EMOTIONLICHES 61

FERNLÄNDISCHES 91

SCHLÜFPRICHES 103

FESTLICHES 115

MENSCHLICHES

Ziegelmeyers Spiegeleier	11
Badenschaden	12
Der Erfinder	13
Bundesbahn	13
Gartenparadies	15
Totsparen	16
Gedanken an Gesundheit durch Fitness	17
Emmadilemma	17
Politik und Kirche	19
Bus fahren	20
Die nächste Bankenkrise oder Das neue Konjunkturpaket	21
Kanada	23
Renovieren	24
Hundestammbaum	25
Aus dem Leben eines Leuchtturmwärters	27
Musik verbindet	28
Bremer Straßencafé	31
Sport	32
Intercity	33
Fakir	35
Die Entstehung des Deutschlandliedes	36
Porschefahrers Stoßgebet	37
Die Wahrheit über Diogenes	38

TIERISCHES

Igelglauben	43
Der Wolf ist zurück	45
Giraffenpaar	46
Hummerliebe	46
Waidmanns Heil	47
Entenpolitik	49
Schnecken leiden	51
Nudelsuppe	51
Fliegenbienchen	52
Seewanze	55
Fliegenliebe	56
Hundeleben	57
Porzellanschwan	58
Wandervogel	59
Evolution der Flunder	59
Evolution der Ratten	61
Sushi	63

EMOTIONLICHES

Energiewende	67
Nachruf auf eine Gurke	68
Lizenz zum Essen	69

Auf der Beerdigungsfeier	69
Wenn die Rosen Hosen tragen	70
Letzte Gedanken auf einer Kohlfahrt	71
Schwein gehabt	72
Lebensbaum	73
Sarggedanken	75
Werde Dichter	77
Dichterfreund	77
Märchen	78
Die Welt	81
Witzig sein	83
Fischmarktfurz	84
Windkraft	86
Wirres kurz vorm Einschlafen	87
Flachmann	89
Zwei Bilder	91
Kalauer	95

FERNLÄNDISCHES

Indische Gewürze	96
Chinesisch am Kuchenbuffet	97
Was ich über Iren weiß	99
Die Reise nach Peru	100

Rat eines erfahrenen Nepalreisenden an seinen Sohn	101
Oberhausen	103
Norweger	105

SCHLÜFPRICHES

Fidel Castro	109
Obszön	110
Schwangerflug	111
Popo	113
Aus dem Wilden Westen oder Die Wahrheit über Lederstrumpf	115
Gerührt oder geschüttelt	116
Sittenstrenge	117

FESTLICHES

Ostern fällt aus	120
Karneval-Qual	121
Ode an den künstlichen Weihnachtsbaum	123
Nachweihnachtsdepressionsgedicht	126

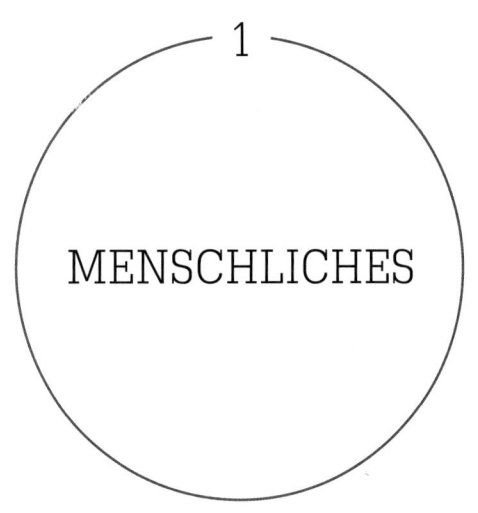

1

MENSCHLICHES

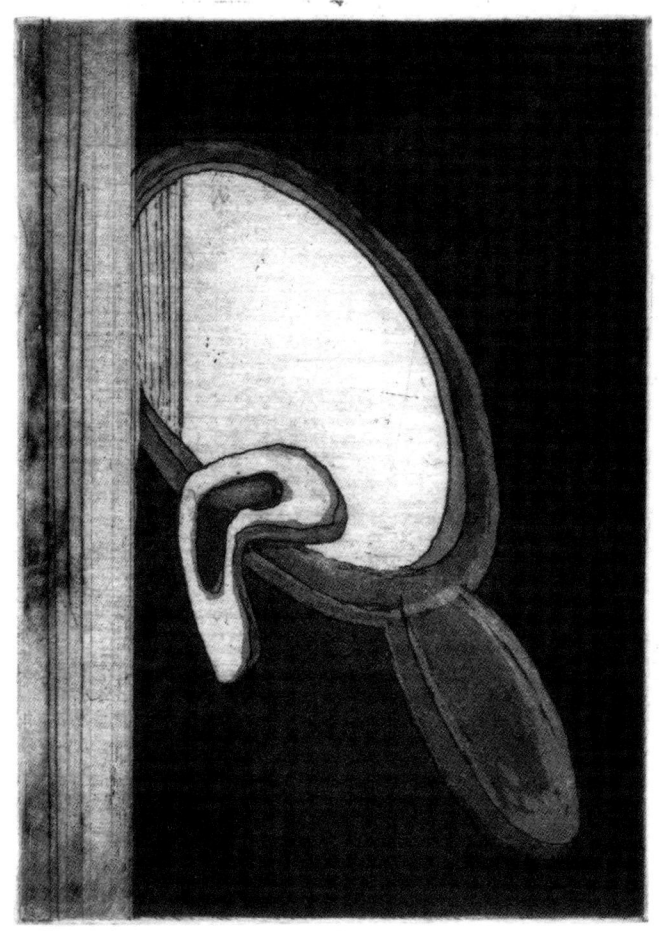

ZIEGELMAYERS SPIEGELEIER

Otto-Ludwig Ziegelmayer
aß so gerne Spiegeleier
und dazu ein Butterbrot.

Doch seit seiner Mutter Tod
hat er diese nie gegessen,
denn die Mutter hat vergessen,
ihrem Sohne zu verraten,
wie es geht, das Eierbraten.

Täglich hockt er, in der Tat,
vor dem Fernsehapparat,
hofft, dass endlich einer schnell,
dort im Fernsehkochduell
sagt, auf welche Art und Weise
man sie macht, die Eierspeise.
Nie erklärt man Spiegeleier.
„Schade", dachte Ziegelmayer.

BADENSCHADEN

Ihm taten seine Beine weh,
blutig war der kleine Zeh,
glitschig war die Badematte,
die ihn nicht getragen hatte.

Hatte darauf miesen Stand,
klatschte an die Fliesenwand,
als würde er ein Greis sein,
fiel er auf sein Steißbein.
Bläulich schimmert Manneshoden
durch den Sturz auf Wannes Boden,
schlimm wird auch der Schaden sein
im gestauchten Wadenbein.

Mit gebrochnem Unterkiefer
nur noch wenig munter rief er:
„Komm hier nicht mal wankend raus,
tragt mich in ein Krankenhaus!"

Und schwört, weil's seinen Gliedern schadet,
dass er niemals wieder badet.

DER ERFINDER

Er erfand Toilettenbrillen,
geeignet zum Buletten grillen.
Leider hat die Neuerung
Probleme mit der Steuerung,
bei normaler Drübersitzung
gibt es ständig Überhitzung.

BUNDESBAHN

Es starb nach einem kurzen Leben
Herr Luck, es war ihm nicht gegeben,
lange auf der Welt zu sein,
aber er schlief friedlich ein.

Herr Luck war bei der Bundesbahn,
sein Arbeitgeber merkte an:
„Dem Schicksal musste er sich fügen,
sein Leben genoss er in vollen Zügen."

GARTENPARADIES

Sie ärgerte der Buchsbaum,
denn der Buchsbaum wuchs kaum.
Sie brauchte einen Sichtschutz,
der Buchsbaum war zu nichts nutz.

Sie pflanzte die Kirschlorbeerhecke
damit niemand mehr entdecke:
Sie baut im Garten Hanf an,
nun sieht man nur noch Dampf, dann
und wann.

TOTSPAREN

Er fuhr schon seit fast acht Tagen
pausenlos den Lastkraftwagen.
Ungebremst in Stau er stieß,
Kind und Frau er hinterließ.

Oft kommt der Alarm zu spät
ohne Abstandswarngerät.
Dieses gäbe schnelle Kunde
ohne Fahrerschrecksekunde,
doch vermied er Geldausgabe
für die Abstandswarnanlage.

Nun wird das, was eingespart,
für seinen Grabstein aufbewahrt.

GEDANKEN AN GESUNDHEIT DURCH FITNESS

Gib der Gesundheit einen Schub,
meld Dich an im Fitnessclub.
Gegen Bauch, für Kondition,
auch als Faltenwegaktion
könnte ich das gut gebrauchen.
(Erstmal geh ich eine rauchen.)

EMMADILEMMA

Emma liegt im Bettgestell,
zu ihr ich mich nett gesell,
doch Emma ist zu schmal das Bett,
ich sei dafür nunmal zu fett.
Sie brauche nach des Tages Hatz
auch wenn ich beklag es: Platz!

POLITIK UND KIRCHE

Neulich im Gemeinderat
gestand der Erich seine Tat,
dass er in Kirche Steine statt
Geld in Spendenschreine tat.
Da schimpfte der Gemeinderat:
„Erich, du gemeiner Schrat!"

BUS FAHREN

Manchen Rat aus meiner Nähe
gibt es, den ich nicht verstehe.
So riet mir, ohne Eigennutz,
ein Mensch in Sachen Umweltschutz:
„Lass Auto stehen, fahre Bus,
das ist Reisen mit Genuss.
Und außerdem tust Du auch ganz
viel für Ceozweibilanz."

Hab es getan, hab ihm vertraut,
hab eine zweite Garage gebaut.
Doch nervig ist der Dieselrauch
sowie der hohe Spritverbrauch.

DIE NÄCHSTE BANKENKRISE
oder
DAS NEUE KONJUNKTURPAKET

Die Taschen meiner Kittel leer,
ich habe keine Mittel mehr.
Mein Auto ist dem Schrott geweiht,
Vertrauen nur noch Gott verleiht.

Wenn ich nun alle Wertpapiere,
Haus und Hof und Pferd verliere,
will ich Dir dennoch danken, Lise,
Du hilfst mir aus der Bankenkrise.

Du hörtest, wie der Bundesrat
wohl gestern Abend kund es tat
in aufgebrachten Reden,
dass, ausgemacht für jeden,
der von dieser Not betroffen
(falls er sich noch nicht totgesoffen),
im nächsten Konjunkturpaket
die Chance auf eine Kur besteht.

KANADA

Es fiel ein Baum in Kanada,
leider stand die Anna da.
Ich habe Anna nicht vermisst,
weil sie mir zu kopflos ist.

RENOVIEREN

So, das passt, die Sache sitzt,
rief der Heimwerker verschwitzt.

Krachend fiel das Buchregal,
und er versucht es noch einmal.

So, das passt, die Sache sitzt,
rief der Heimwerker verschwitzt.

Krachend fiel das Buchregal,
und er versucht es noch einmal.

So, das passt, die Sache sitzt,
rief der Heimwerker verschwitzt.

Krachend fiel das Buchregal.

Schön sind Wandverkleidungstücher…
wer braucht schon in der Wohnung Bücher?!

HUNDESTAMMBAUM

Wenn ein Hund sein Bein anwinkelt
und Dir an die Hose pinkelt,
mag das wohl ein Zufall sein.
Heben Hunde stets das Bein,
wenn sie Dich erspähen,
kann es für Dich besser sein
zum Seelenarzt zu gehen.
Mag sein, Du leidest an extremen,
starken Akzeptanzproblemen.
Bedenklich wird für Dich die Lage,
wenn der Psychiater auf die Frage,
wie das Problem zu lösen sei,
die Stirne runzelt und dabei
Dir dringlich rät,
es sei nie zu spät,
das Leben anzupassen,
den Beruf Beruf sein zu lassen,
und bei der Affinität zu Tieren
künftig als Hundestammbaum zu fungieren.

AUS DEM LEBEN EINES LEUCHTTURMWÄRTERS

Traurig ist der Leuchtturmwart,
sein Leben ist bei Feuchtsturm hart,
denn nach jedem Sturmtief
steht der blöde Turm schief.

MUSIK VERBINDET

Herr Hecht und Frau von Haglichkeit,
die saßen um die Mittagszeit
sich gegenüber im Cafe
in Hamburg, nah der Elbchaussee.

Es spürte Frau von Haglichkeit,
Herr Hecht, der litt an Einsamkeit.
Sie sprach ihn an,
dass dann und wann
er öfter sitze nebenan.
Sie, die Frau von Haglichkeit,
sei gern zu einem Plausch bereit.

Herr Hecht blieb still am Nachbartisch,
verhielt sich stumm,
stumm wie ein Fisch.
Da weinte Frau von Haglichkeit,
allein mit ihrer Einsamkeit.

Es spielt ein Stück von Georges Bizet
im Cafe an der Elbchaussee,
ein Geiger, dem es gut gefällt,
wenn er die Gäste unterhält.

Da sah ein helles Augenleuchten
Frau Haglichkeit durch ihre feuchten
Tränenaugen bei Herrn Hecht,
und sie wusste nun, er findet,
dass Musik einen verbindet.

Nun sitzen sie auch ohne Worte
täglich bei Musik und Torte
zusammen glücklich im Cafe,
in Hamburg, nah der Elbchaussee.

BREMER STRASSENCAFÉ

Bremer Straßencafé,
italienischer Stil,
zwei junge Damen,
elegant und grazil.
Die eine groß,
die andere kleiner,
im modischen Trend
die größere feiner.
Schwiegen sich an,
tranken Kaffee.
Dann sagte die Große:
„Mir juckt es am Zeh."
Darauf die Kleine:
„Ein Bär mit Tatzen,
der kann sich problemlos
überall kratzen."
Gespräche von Damen
im Café in Bremen
sollte man meist
nicht allzu ernst nehmen.

SPORT

Manch einer meint recht lang zu leben,
übt er sich im Gewichte Heben.
Trainiert auf einer Hantelbank
oft stunden-, tage-, wochenlang,
und hält trotz großem Appetit
mit Mineralwasser sich fit.
Viel Spaß dabei, ihr sportlich Streber!
(Ich halte mich an Tortenheber.)

INTERCITY

Nachmittags im Zugbistro,
Landschaft fliegt an mir vorbei,
Blick verschwimmt im Irgendwo
zum Farbenallerlei.

Neben mir die junge Mutter,
Möhrenbrei und Nuckelflasche,
gibt dem Nachwuchs Babyfutter,
Hund schläft auf der Reisetasche.
In der Kurve bremst der Zug,
roter Kindernahrungsflug
landet breit auf meiner Hose,
teils auch auf der Cola-Dose.
Auch der Hund ist aufgewacht,
und das Baby lacht.

Nachmittags im Zugbistro,
allein im Intercityklo,
musste ich entdecken:
Babybrei macht Flecken.

FAKIR

Der Fakir saß auf Nagelbett,
als wenn es keine Nadeln hätt.
Er saß dort fröhlich, stundenlang,
zum Zeitvertreib er Liedchen sang.
Der Fakir ging noch nicht nach Hause,
er stand nur auf
zur Pinkelpause.

Ich schnappte mir die Nagelfeile
und feilte fix in Windeseile
vom Fakirbett die Nägel an,
als Service für den Fakirmann.

Er kam zurück,
er ließ sich nieder.
Hell ertönten seine Lieder.
Beachtlich wie der Fakir schwitzte,
nachdem ich ihm die Nadeln spitzte.

DIE ENTSTEHUNG DES DEUTSCHLANDLIEDES

„Heinrich Heine, der hat keine
wirklich schönen, schlanken Beine",
dachte sich die Loreley,
als sie ging an ihm vorbei.

Er saß dort in kurzer Hose,
nippte an Getränkedose,
machte einer seiner Pausen,
dort am Rheinfall, bei Schaffhausen.

Hat die Lore angestiert,
und schon war er inspiriert,
dem deutschen Volk ein Lied zu geben.
(Ach nee, das war ja Fallersleben.)

PORSCHEFAHRERS STOSSGEBET

Bei allen Schleichen oder Schlangen,
egal ob kurzen oder langen,
hat die Natur es so gemacht:
Das Arschloch hinten angebracht.
Das ist, wenn nüchtern man es sieht,
zur Autoschlange der Unterschied.

DIE WAHRHEIT ÜBER DIOGENES

Diogenes kroch wegen Sonne
in eine alte Regentonne.
Ich weiß nicht, ob sie ihm gehörte,
doch diesen Philosophen störte
angeblich nicht mal diese Frage.

Er verlebte seine Tage
denkend, schweigend, stets allein
und soll dabei glücklich gewesen sein.
Ich glaube nicht, dass es so war.
Das klingt zwar alles wunderbar
– ich denke, dass er dort nur weilte,
weil er an seinem Image feilte.

Wahrscheinlich verließ er die Tonne
abends nach untergegangener Sonne
und speiste zu Hause, wonach ihm war,
meistens wohl Sekt mit Kaviar.
Ist ja schließlich auch nicht doof,
so ein Philosoph!

2
TIERISCHES

IGELGLAUBEN

Vom Dach fiel auf den Igel ein
ziemlich schwerer Ziegelstein.
Igel war sofort erledigt,
Ziegelstein nur dort beschädigt,
wo des Igels Stacheldraht
auf die Ziegelkachel trat.

Künftig soll der Ziegelstein
Grabmal dieses Igels sein.
Darauf schrieben seine Lieben,
welche nun alleine blieben:
„Stets hat er auf Gott gebaut,
dem Allmächtigen vertraut,
sinnlos war sein Gottesloben,
nicht ALLES Gute kommt von oben."

DER WOLF IST ZURÜCK

Es jubelt der Deutsche und strahlt vor Glück,
endlich ist der Wolf zurück.
Für ein Schaf ist er beschwerlich,
doch für den Menschen ungefährlich!
(Sagte der Wolf und nahm sich ein Häppchen
vom Rotkäppchen.)

GIERAFFENPAAR

In eine Giraffe
verliebte sich ein Affe,
der hatte stets beim Küssen
sich stark verrenken müssen.
Doch irgendwann ging das dann auch,
er küsste nur noch ihren Bauch.

HUMMERLIEBE

Am Helgoländer Meeresstrand
ein Hummer eine Auster fand.
Weil es im Leben alles gibt,
hat spontan er sich verliebt.

Er träumte ständig liebeskrank
von wildem Sex auf Austernbank
mit seiner auserwählten Muschel,
Streicheln, heimliches Getuschel,
oh ja, das hätte er genossen,
doch die Auster war verschlossen.

WAIDMANNS HEIL

Es standen zwei Jäger auf einer Lichtung.
Ein jeder sah in seiner Richtung
zwei Elche aus dem Walde treten,
als hätt man sie dazu gebeten,
sich als ein Ziel bereitzustellen
für die beiden Waidgesellen.
Es schossen zwei Jäger im Morgenrot
auf zwei junge Elche – beide tot.
Die beiden Elche fraßen sodann
fast jeder einen Waidesmann.

ENTENPOLITIK

Vor Jahren schrieben zwei Enten
einen Brief an den Bundespräsidenten.
Sie wollten sich beschweren,
dass Menschen ihnen verwehren,
parlamentarisch einzukehren.

Auf jeden Fall
sei es eine Qual,
dass jeder ihre zarte Brust
verspeisen wolle, nur aus Lust
am Essen, das erzeuge Frust,
und man verletze hiermit schon
die Genfer Konvention.

Auch andere Dinge, die geschehen,
würden sie nicht einsehen:
Warum erhält eine Ente
zum Beispiel keine Rente?
Warum fährt Ente nie mit dem Bus?
Anstrengend sei das Watscheln zu Fuß.
Ist die Entengesundheit nichts wert?
Kaum eine Ente sei krankenversichert.

Der Briefempfänger, unser Bundespräsident,
ein Mensch, der alle Brisanzen kennt,
hat die Enten unterdessen
eingeladen, geschlachtet und gegessen.
Ihm schien es einfach zu vermessen, zuzulassen,
dass politische Enten in Parlamenten Fuß fassen.

SCHNECKEN LEIDEN

„Ich kann keine Schnecken leiden",
dachte ich beim Heckenschneiden,
weil beständig Flecken bleiben,
wo es diese Schnecken treiben.
Gottseidank soll es so sein:
Zecken fallen in Hecken ein
und Zecken schlecken Schneckenschleim.
So nützlich können Zecken sein.

NUDELSUPPE

Es legte einst ein Elefant,
vorsichtig und recht galant,
seinen Elefantenrüssel
tief in eine Suppenschüssel.
Kam zurück zur Rudelgruppe,
teilte mit, dass Nudelsuppe
anstatt des Grünzeugeinerlei
geschmacklich viel, viel feiner sei.

FLIEGENBIENCHEN

Trullerus und Trullerinchen
waren kleine Fliegenbienchen,
flogen über Tal und Hügel
mit dem kleinen Trullerflügel,
summten hier und brummten dort,
trullerten in einem fort,
setzten ihre Trullerbeine
mal auf Blumen, mal auf Steine.

Eines Tags sprach Trullerinchen:
„Trullerus, mein liebstes Bienchen,
lass uns beide Hand in Hand
fliegen in das Trullerland,
dort, wo Milch und Honig fließt,
weil dort immer Frühling ist.
Gib mir schnell noch einen Kuss,
komm wir starten, Trullerus."
Ja, so flogen sie dahin,
Trullerland und Glück im Sinn,
liefen manchmal auch zu Fuß,
Trullera und Trullerus.

In der Sonne spann die Spinne
über eines Baches Rinne
sich ihr Netz, fast unsichtbar,
weil die Spinne fleißig war.

Im Morgenflug rief Trullera:
„Trullerus, das Ziel ist nah.
Dort hinter des Berges Wand
liegt das gelobte Trullerland."

Nachdem sie dieses ausgesprochen,
hat sie sich ihr Genick gebrochen.
Sie waren in das Netz geflogen,
das die Spinne hat gezogen.

Der Traum vom schönen Trullerland
war aus, als sie die Spinne fand.
Und die verspeiste mit Genuss
Trullera und Trullerus.

SEEWANZE

Wanze fuhr in Walnussschale
– übrigens zum ersten Male –
auf dem Titikakasee.
Wanze trinkt ein Tässchen Tee,
nimmt dazu ein Butterbrot
auf dem Walnussschalenboot.
Sonne scheint auf Wanzidyll,
oh wie friedlich, oh wie still,
würde alles dafür geben,
alles für dies Wanzenleben.
Dann ein Sturm und Wanz erlebte,
wie die Walnussschale bebte.
Wanz fiel in den See hinein.
(Ich will keine Wanze sein.)

FLIEGENLIEBE

Liegen Liegen neben Liegen
liegen Liegen eng an Liegen.
Fliegen Fliegen auf die Liegen
liegen Fliegen dicht bei Fliegen.
Fliegen Liegen über Fliegen
wäre das ein Liegenfliegen.
Wenn sich sieben Fliegen lieben,
setzen sich die sieben Fliegen
auf die Liegen, und beim Liegen
lieben Fliegen sich auf Liegen,
lieben hier und liegen dort,
fliegen auch bald wieder fort.

HUNDELEBEN

Susi hatte einen Hund,
der lebte schrecklich ungesund.
Fraß ständig nur die feinsten Dinge,
Steaks, Bananen, Fleischwurstringe,
Kaviar und Gummibären,
alles wollte er verzehren.

Die Flaschen hatte sie versteckt,
sonst soff er auch noch ihren Sekt.
Und Susis Stimmung wurde trüber.
(Für sie blieb nur der Pansen über.).

PORZELLANSCHWAN

Damit sie ihr zur Zierde diene,
steht mitten auf der Eckvitrine
im Haus von Freifrau Else Bastig
von einem Schwane eine Plastik.
In die verliebte sich soeben
eine Fliege, die flog neben
diesem Schwan aus Porzellan.
Sie verliebte sich spontan.

Zwecks ihrer Liebe zu beglücken
flog sie auf des Schwanes Rücken,
krabbelte sich langsam vor,
bis zu seinem Ohr.
Süß sie säuselt stundenlang
in des Schwanes Ohrengang,
aber kümmerlich ihr Lohn,
Schwan zeigt keine Reaktion.

Sie verlässt, enttäuscht und hastig,
das Gemach von Else Bastig.
Fliegend konstatiert sie nüchtern:
„So ein Schwan ist mir zu schüchtern."

WANDERVOGEL

Ein Buntspecht wollte wandern,
von Bremen bis nach Flandern.
Doch schon nach einer Viertelstund
wurden seine Füße wund.
Wenn Spechte wunde Füße haben,
rasten sie im Straßengraben.
Fünf Stunden blieb er dort wohl liegen,
um dann nach Flandern hin zu fliegen.

EVOLUTION DER FLUNDER

Ein Dorsch
war zu forsch.
Schwamm an den Strand
und berührte Land.
Dort im Watt
trat ein Schwimmer ihn platt.
Seine schmalen Seiten
waren nun die breiten.
Durch dieses Wunder
entstand die Flunder.

EVOLUTION DER RATTEN

Als die Ratten
Hunger hatten,
zogen sie in Plattenbauten,
wo die Ratten Platten kauten.
Platten mit Asbest
– nun sind sie auch
noch feuerfest.

SUSHI

Meine Freundin Uschi war
neulich in der Sushi-Bar.
Aß an einem kahlen Tisch
einen farbig fahlen Fisch.
War von dem Gericht bestürzt,
Sushi waren nicht gewürzt.
Fisch war kalt und Uschi war
tief enttäuscht von Sushi-Bar.

3 EMOTIONSLICHES

ENERGIEWENDE

Von vierzehn Vögeln sind acht platt,
sie flogen in ein Windkraftrad.
Sechs der Gruppe überlebten,
weil sie knapp darüber schwebten,
klagen nun fast federlos:
Ach, was sind die Räder groß!
Und fordern für die Vogelreisen
künftig Vogeleinflugschneisen.
Doch der Wunsch verpufft soweit,
den Vögeln fehlt die Lufthoheit.
Da den Vogel dies frustriert,
er am Flug die Lust verliert,
merkt er an, dass, wie er fände,
sei bei Energie die Wende,
mal ganz ehrlich, sehr beschwerlich
– und dazu noch saugefährlich.

NACHRUF AUF EINE GURKE

Traurig war die Gurkenscheibe,
sie landet in des Schurken Leibe.
Als er sie vom Strauch geschnitten,
war sie in seinen Bauch geglitten,
traf dort auf den Rosenkohl,
der hatte auch die Hosen voll.

Beide hatten das Bestreben
irgendwie zu überleben,
doch Reste der Erbauungskraft
nahm ihnen der Verdauungssaft.
So sorgten für des Schurken Wohl
die Gurke und der Rosenkohl.

LIZENZ ZUM ESSEN

Ich brauch bei Sommertages Schwüle
ständig Schatten, suche Kühle.
Und ist es besonders heiß,
kaufe ich mir gern ein Eis.
Doch Eis im Becher muss es sein,
ich habe keinen Waffelschein.

AUF DER BEERDIGUNGSFEIER

Zerschnitten liegt ein fettes Huhn
in der Nudelsuppe nun
bei Spargel und bei Eierstich.
Wir alle führen feierlich
das Glas zum Mund
und tun kund:
„Die Gudrun, die war wunderbar,
als sie noch am Leben war."
Ein letzter Toast auf Guderun,
und fahre wohl, du Suppenhuhn.

WENN DIE ROSEN HOSEN TRAGEN

Eine Kletterrose blühte,
Nacht war sternenklar,
und in einer Einkaufstüte
Licht sogar am Boden war.
Dieses Licht, es schien so hell
auf das Blatt der Rose,
nebenan im Bettgestell
lag die Lederhose.
Woher kommt das Bettgestell?
Warum blüht die Rose?
Wieso ist es nachts so hell?
Wem gehört die Hose?
Was war in der Einkaufstüte?
Wer machte dort Licht?
Wie ist der Lederhosen Güte,
hält sie bei Regen dicht?
Das sind Fragen über Fragen,
Antworten sind rar,
wenn die Rosen Hosen tragen
– ach die Welt ist wunderbar.

LETZTE GEDANKEN AUF EINER KOHLFAHRT NACH DEM SIEBZEHNTEN BIER UND VIERUNDZANZIGSTEN KORN, VOR DER THEKE LIEGEND

Trigonometrie
ist irgendwie
öde.
Blöde.

Sausackdämlich,
indogativ, diesnämlich
nur Zahlen.

Zahlen,
nichts als Zahlen.
Herr Ober, zahlen.

ZAHLEN!

SCHWEIN GEHABT

Wenn man eine Speckschwarte
anstatt einer Scheckkarte
in den Automaten schiebt,
die geheime Zahl eingibt,
den Betrag des Geldes wählt,
der Automat das Geld abzählt
und den Betrag, der eingetippt,
exakt dem Kunden übergibt,
wenn das (wie hier beschrieben) klappt,
hat man ein bisschen Schwein gehabt.

LEBENSBAUM

Einst im Frühling, dort am Baum,
wuchs ein Blatt, man sah es kaum.
Helles Grün, zarter Flaum,
junges Blatt am Lindenbaum.
Sommerliche Sonnentage, dunkelgrüner Blätterwald,
saugt das Licht der Sonne, und der Herbst kommt bald.
Kleines Blatt am Lindenbaum,
Nebeltage, Blatt wird braun.
Dunkelkurze Tage, Schnee kommt mit dem Winde,
trennt das Blatt vom Baum, kahl ist nun die Linde.
Es ist Frühling, und am Baum,
wächst ein Blatt, man sieht es kaum.

SARGGEDANKEN

Gemessen an Unendlichkeit
haben Menschen wenig Zeit.
Genau gesagt, nur ein paar Tage,
bis zum Beginn der letzten Lage.

Dies Faktum bildet ein Problem:
wahrscheinlich wird es unbequem,
wenn auf die Fersen und den Rücken
stets die Sargesbohlen drücken.

Man könnte den Gedanken hegen,
sich auf die Seite hinzulegen,
und stark entlastend wäre auch
das Liegen auf dem Bauch,
oder in dunklen, trüben
Tagen, Kopfstand üben,
wäre für des Erden Dung
eine feine Abwechslung.

Doch Särge sind so ungemein
ungemütlich, viel zu klein.
Unmöglich, sich darin zu regen,
geschweige denn, sich zu bewegen.
Undenkbar ist, mit Butterkuchen
den Friedhofsnachbarn zu besuchen.

Genieße den Kuchen, solange er warm,
genieße seine Verdauung im Darm,
genieße jedes Abendbrot –
in ein paar Tagen bist du tot.

WERDE DICHTER

„Werde Dichter",
sagt meine Frau.
Wenn ich in meine Hose schau,
ist es nicht nass.
Was soll denn das?
Ziemliche Impertinenz,
unterstellt die mir
Inkontinenz?

DICHTERFREUND

Es macht sich gut,
wenn dann und wann
ein Freund spontan
was dichten kann.
Denn hilflos steht
man oft davor,
vor dem geplatzten
Abflussrohr.

MÄRCHEN

Vieles ist beim Märchendichten
einfach nur verlogen,
allermeist sind die Geschichten
unwahr und zurechtgebogen.

Hänsel war auf Gretel scharf,
verführte sie im Wald,
und die Buckelhexe darf
nicht mitmachen, sie war zu alt.

Rapunzel mit dem langen Haar,
sie lief an einer Krücke,
litt am Bronchialkatarrh
und trug eine Perücke.

Schneewittchen hatte wenig Geld,
gab sieben Zwergen Spaß,
zur Strafe wird sie ausgestellt
in einem Sarg aus Glas.

Betrunken saß die Königin
des Nachts in der Spelunke,
sie hat es mit dem Frosch getan,
gebar ihm eine Unke.

Weil Rotkäppchen ein Flittchen war,
nahm sie, was sie bekam,
den Wolf fand sie ganz wunderbar,
sie kannte keine Scham.

Märchen sind nicht Wahrheit,
sie sind Millionen Haar weit
von dem, was wirklich ist,
weil alles nur ein Märchen ist.

DIE WELT

Schlaf mein Kind,
die Sterne sind
am Himmel aufgegangen.
Die Nacht hat angefangen.

Wieso die Welt
sich so verhält,
dass sie als Ball
im Weltenall
niemals in die Tiefe fällt?

Ich weiß es nicht, mein Kind.
Vielleicht wird sie gehalten
von mystischen Gestalten.
Vielleicht hängt sie am Gummiband,
in Gotteshand.

Vielleicht mag sie auch kleben
an virtuellen Stäben.
Vielleicht rast sie
zu dieser Zeit
mit Lichtgeschwindigkeit
jetzt gerade
auf den Abgrund zu.

Schlaf mein Kind,
die Sterne sind
am Himmel aufgegangen.
Die Nacht hat angefangen.

WITZIG SEIN

„Otto Graf von Litzigsteyn
wollte einmal witzig sein.
Nahm sich eine Hundeleine,
legte sie um seine Beine,
bellte dreimal und tat kund:
„Ab jetzt bin ich ein Kettenhund."

Seit Jahren lebt von Litzigsteyn
auf seinem Schlosse ganz allein.
Einsam schlich er durch die Zimmer,
niemand hörte sein Gewimmer,
aufs Bellen reagierte nur
stündlich seine Kuckucksuhr.

Da nahm der Graf von Litzigsteyn
sich die Leine von dem Bein.
„Witzig sein", sprach Litzigsteyn,
„macht keinen Spaß,
so ganz allein."

FISCHMARKTFURZ

Vom Hamburger Fischmarkt flog ein Furz in die Welt.
Er hatte einen Matrosen gequält,
und dann, Krawumm, den Darm verlassen.
Kann es kaum fassen,
frei zu sein und ganz allein.

Hoppalla,
er landete in Afrika
(genau gesagt Namibia).
Hier kannte ihn keiner, das machte ihn froh,
schön so zu leben – inkognito.

Doch die Afrikaner,
diese freundlichen Namibianer,
haben ob des Gestankes gehustet,
danach gepustet,
dadurch, sodann
flog er auf den Ozean.

Ein Seemann kam zurück von der Reise.
Auf dem Fischmarkt
nach dem zehnten Bier
murmelte er leise:
„Schön ist es hier,
was hab ich Hamburg vermisst.
Schon auf dem Ozean,
ich mach jede Wette,
roch es wie auf der Fischmarkttoilette."
Dann ließ er leise ein Windchen aus,
und der Furz war wieder zu Haus.

WINDKRAFT

Sieh mal wie bei Windkrafträdern,
Flügel drehen leicht wie Federn.
Wie die Flügel leise rauschen,
möchte nicht mit ihnen tauschen,
wenn sie gegen Vögel schlagen.
Ach, mir wird ganz schlecht im Magen.
Warum stellt man sie auf Felder
und nicht einfach in die Wälder?
Wären dort so schön verdeckt,
durch die Bäume gut versteckt.

Meinst Du wohl, das kann nicht gehen,
weil die Flügel dann nicht drehen?
Ach, du kleines, dummes Kind,
meinst du wirklich, dass der Wind
diese Flügel antreibt?
Was wäre, wenn er ausbleibt?
In Wahrheit sind, bis Windstärke sieben,
Windräder batteriebetrieben.
Und die Anlagen werden ab Stärke acht
(wegen Sturmgefahr) ausgemacht.

WIRRES KURZ VORM EINSCHLAFEN

„Herrn John Fitzgerald Kennedu,
den kenne ich, kennst den auch Du?"
„Klar, der war ein Präsident,
den wohl fast ein jeder kennt.
Doch aufgemerkt, ich frage Sie:
Hieß der nicht John F. Kennedy?"
„Nein, jetzt weiß ich es, hurra,
der hieß John F. Kenneda."
„Wenn ich jetzt überlege so,
frag ich mich, hieß der Kennedo?"
Ob Kenneda, ob Kennedu,
ich schließe jetzt die Augen zu.
Und morgen früh befrag ich die
Wiki-Enzyklopädie.
Nach Kenne-da, -dy oder -do.
Mist, ich muss noch mal auf Klo.

FLACHMANN

Ich bin eine kleine Flasche
voll gefüllt mit Gin,
lebe in der Hosentasche,
weil ich Flachmann bin.

Mein Besitzer ist ein kleiner,
alter, grauer Mann,
ungepflegt, durchaus so einer,
den man Penner nennen kann.

Ich mag ihn und er liebt mich
(meinen Inhalt wohl noch mehr),
leider sind wir unterschiedlich:
Ist er voll, dann bin ich leer.

ZWEI BILDER

Ein Ölbild und ein Aquarelle
hingen stets an gleicher Stelle
an der verstaubten Stubenwand,
was das Ölbild schrecklich fand.

„Ich bin gemalt vom alten Meister,
ich glaube, Albrecht Dürer heißt er."
„Und ich hänge hier", so sein Gemecker,
„mit diesem Aquarell-Geklecker."

Gelassen sprach das Aquarelle:
„Ach Du, mein Bildnachbargeselle,
mir ist egal, wer hängt bei wem,
Hauptsache ist, man hängt bequem."

KALAUER

Es trauerte am Mauerrand
ein Kalauer im Sauerland.
Er lauerte, geduckt und klein,
an der Mauer, ganz allein.
Spürte keinen Lebenssinn,
ihm fehlte die Kalauerin.

4

FERNLÄNDISCHES

INDISCHE GEWÜRZE

„Ich will nicht klagen",
sprach der Magen,
„obwohl mich in den letzten Tagen
indische Gewürze plagen.
Ich will an dieser Stelle sagen:
Indische Gewürze schlagen,
nachdem sie auf der Zunge lagen
und durch die Speiseröhre jagen,
fürchterlich auf mich, den Magen.
Es ist schwer, dies zu ertragen,
auch der Darm droht zu verzagen.
Man sollte mal die Inder fragen,
wie die sich auf die Toilette wagen."

CHINESISCH AM KUCHENBUFFET

Gestern grüßte ein Chinese galant,
am Kuchenbuffet er hinter mir stand.
Ich fragte höflich: „Wer bist Du?"
Er lächelte freundlich und sagte: „Lang Zu."

WAS ICH ÜBER IREN WEISS

Abgelaufene Eieruhren
machen melancholisch.
Als die Iren dies erfuhren
wurden sie katholisch.

Iren haben rote Haare
und auch schöne Lieder,
selbst auf einer Totenbahre
trinken sie schon wieder.

Iren essen gerne Fisch
und sind selten dick,
Iren sprechen irländisch,
viele sind aus Limerick.

Mehr weiß ich von den Iren nicht,
ich fahr vielleicht mal hin.
Zeigt doch dieses Kurzgedicht,
dass ich Fan der Iren bin.

DIE REISE NACH PERU

War einst im Peruanerland,
ich bin dorthin geflogen.
In Lima, dort am Kofferband,
hat es mich wieder nach Hause gezogen.
Ich stand dort einsam und allein,
alle hatten schon ihr Gepäck,
wo konnte meines denn nur sein?
– Mist, mein Koffer ist weg.

Doch dann,
das Band
lief noch mal an.
Es erschien eine Hose
und darauf eine Dose,
dann meine Strümpfe, Unterhose,
meine Jacke, mein Koffer
und dann mein Schuh.
Nur ein Schuh –
Nie wieder Peru!

RAT EINES ERFAHRENEN NEPALREISENDEN AN SEINEN SOHN

In Katmandu
Herr Fatmanglu
ist Polizist
in Katmandu.
Herrn Fatmanglu
aus Katmandu
hat man zu
gehorchen, Du.

Denn Fatmanglu,
der Polizist
aus Katmandu,
hat am Schuh
Eisenhaken unterzu.
Tritt damit zu
Herr Fatmanglu
aus Katmandu,
matt dann Du.

OBERHAUSEN

Ein Ober kam nach Oberhausen
zur Arbeit in die Opernklausen,
wo Menschen nach der Oper schmausen.

Er wohnte, wie halt Ober hausen,
zur Miete im möblierten Zimmer.
Er hörte ständig das Gewimmer
der Nachbarn, die in Oberhausen
Abends ihren Opa lausen.

Vor Wohnungen bei Opernklausen
soll es ja in Oberhausen
jedem neuen Ober grausen.

NORWEGER

„Die Norweger, das sind so welche,
die knutschen gerne große Elche.
Sie lieben es, mit ihren Lippen
Großelchmäuler zu bestippen."

Dies behauptete ein Schwede
als Bestandteil seiner Rede,
die er hielt vor hundert Dänen.
Unter Tränen.

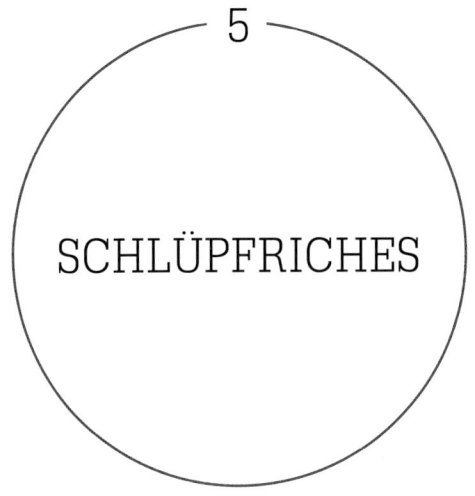

5
SCHLÜPFRICHES

FIDEL CASTRO

Castro tanzt in Kalahari
Cha-Cha-Cha mit Mata Hari.
Castro hat sie ganz entzückt,
zärtlich an sein Herz gedrückt.
Bei Entfaltung seines Schniedel
stöhnte Mata: „Castro, fiedel!"

OBSZÖN

Hildegard aus Hildesheim
fiel zwar viel Wildes ein,
doch neulich bot ein dummer Mann
ihr Knäckebrot mit Hummer an
und sagte: „Liebe Hildegard,
Du mit Deiner wilden Art,
setz Dich drauf, das knackt so schön."
Das fand sie, wie sie sagt: Obszön!

SCHWANGERFLUG

Auf dem Flug von Europa nach Afrika
traf der Olaf auf Angelika.
In Liechtenstein
stiegen sie ein.
Über Moskau
war sie noch Jungfrau.
Über Wladiwostock
zupfte er sie am Rock.
Er kam
über Dar Es Salaam.
Bei der Landung in Tanger
war Angelika schwanger.
Und Olaf begriff,
als zurück sie flogen:
Das mit der Jungfrau,
das war gelogen.

POPO

Nun ja, mein Freund, es ist schon so,
dass dein Gesicht und mein Popo
optisch ohne Hürden
als Zwillinge durchgehen würden.

AUS DEM WILDEN WESTEN
oder
DIE WAHRHEIT ÜBER LEDERSTRUMPF

Lederstrumpf, der Bärentöter,
war ein rechter Schwerenöter.
In Saloons, bei drallen Damen,
die wegen Geld bei allen kamen,
war dieser Mann im Wilden Westen
der wildeste von milden Gästen.

Wenn er in Bars mit Dirnen spielte
und auf deren Birnen schielte,
dann saß in seiner Unterhose
nicht nur sein Revolver lose.
Der Damenwelt
war er der Held.
Sie wussten ja, dem Lederstrumpf,
wird niemals seine Feder stumpf.

GERÜHRT ODER GESCHÜTTELT

An der Bar vorm Whiskyschrank
stand zum Mixen, blond und schlank,
eine Whiskymixerin,
hielt das Glas dem Gaste hin,
fragt ihn, ob er Wunsch verspürt
nach geschüttelt, nach gerührt.
Der Gast, er schweigt die Dame an,
weil er nur eines denken kann:
„Wie kann ich ihr jetzt bloß vermitteln,
ich wär gerührt, wenn Sie ihn schütteln."

SITTENSTRENGE

Ja, es zeugt von Sittenstrenge,
wenn die Damen ihr Gehänge
mit einem BH verhüllen,
damit Brüste nicht zerknüllen,
sie sich nicht nach unten lappen,
und die Damen darauf tappen.

OSTERN FÄLLT AUS
(zu singen nach der Melodie „Leise rieselt der Schnee")

Leise pieselt das Reh,
grün und gelb blüht der Klee.
Häschen sucht Eier im Wald,
freue dich, Ostern ist bald.
Märzensonne scheint warm,
Häschen trägt auf dem Arm
Eier mit Farbe bemalt.
Oh, welche Freude im Wald.
Jäger geht auf die Pirsch,
will erlegen den Hirsch.
Jägerlein wird langsam alt,
Hauptsache ist, dass es knallt.
Was im Wald sich bewegt,
wird von ihm fröhlich erlegt.
Dämmerlicht und Abendrot.
Jäger schießt, Häschen ist tot.
Leise pieselt das Reh,
Osterhase, oh weh,
trägt keine Eier nach Haus,
leider fällt Ostern jetzt aus.

KARNEVAL-QUAL

Wenn Du an einem Montagmorgen
liegst im Bett, noch wohlgeborgen,
Deine liebe Ehefrau
begrüßt Dich kreischend mit Helau,
steht vor Dir auf Bettvorleger
als Domina mit Baseballschläger,
Deine Kinder (es sind vier)
stehen johlend neben ihr,
haben sich verwandelt in
Cowboy und Indianerin,
haben schon mit Deinem Schwager
aufgestellt Indianerlager.

Dein Hund, er hatte keine Wahl,
klebt jaulend dort am Marterpfahl.
Opa, stolz als Gladiator
schunkelt singend im Rollator,
in der linken Hand das Schwert,
der Rollator dient als Pferd.

Daneben Deine Schwiegermutter
in Straps mit rotem Miederfutter,
sie ruft: „Ich war so lange brav,
ab heut nicht mehr, Helau, Alaaf."
Die ganze Meute schreit Dich an:
„Steh auf, Du lahmer alter Mann,
glotz nicht so blöd und nölig,
denn heute sind wir alle fröhlich.
Kriech in Dein Kostüm hinein,
heute sollst Du Batman sein."
Dann ist gewiss kein Schontag,
dann ist Rosenmontag.

Merke:
Lass Dich von Jecken nie besiegen,
bleib cool im Bett, bleib einfach liegen,
vom lieben Gott erbitt noch:
„Mach schnell den Aschermittwoch!"

ODE AN DEN KÜNSTLICHEN WEIHNACHTSBAUM

Mein Weihnachtsbaum, mein bester,
du bist aus Polyester.
Mein alljährlich Gabentisch,
ich vergehe, Du bleibst frisch.

Im Baumarkt standst Du, welche Pracht,
hab in mein Auto Dich verbracht.
Im Pappkarton, im Kofferraum,
mein weißer Weihnachts-Kunststofftraum.
Zu Hause endlich angekommen
hab ich Dich mit ins Haus genommen.

In Kürze warst Du aufgeklappt
und meine Frau war eingeschnappt.
Schnell noch ein paar Kugeln rein,
die Spitze ziert ein Engelein.
Und weil ich Kerzen gerne hätte,
eben noch die Lichterkette.

Schon erstrahlst im hellen Schein,
du, mein geliebtes Bäumelein.
Und zur Verbesserung der Luft
besprüh ich Dich mit Tannenduft.
Kein Grüner mich je tadeln kann,
ich schütze jede Nadeltann.

Mein Weihnachtsbaum, Du gutes Stück,
bringst jedes Jahr mir neues Glück.
Jahrzehnte frisch, Dein grünes Kleid,
pünktlich um die Weihnachtszeit.
Kein Harz, das mir die Hand verklebt,
kein Ständer, der zur Seite strebt,
und nirgendwo ein Ast,
der wieder mal nicht passt.

Zugegeben, ich bin träge,
künftig bleibt im Schrank die Säge.
Wenn andere noch mit Tanne ringen,
kann ich schon Weihnachtslieder singen.
Doch leider träller ich alleine,
meine Gattin, die hat keine
Freude an der grünen Pracht

und hat sich schon davongemacht.
Feiert wütend und in Rage
neben Auto in Garage.
Deshalb muss ich unterdessen
Weihnachtsgans alleine essen.

So sitze ich im Stubenraum
und singe vor dem Plastikbaum.
Anstatt: „Es ist ein Ros entsprungen
aus einer Wurzel zart",
sing ich: „Ich hab den Kloß verschlungen
Gänschen mit Wurzeln zart.
War wirklich gut gelungen,
Bäumchen strahlt auch apart."

Oh Du, mein Baum von zart Gestalt,
bleibst ewig grün, wirst niemals alt,
ich weiß, ein jeder Mensch muss sterben,
bei mir freuen sich die Erben
über Reichtümer wohl kaum,
aber über Plastikbaum!
Und da dieser unverderblich
werde ich auch fast unsterblich.

NACHWEIHNACHTSDEPRESSIONSGEDICHT

Kinder sind nicht mehr gespannt
und die Kerzen abgebrannt.
Gänsebraten ist gesackt,
Weihnachtskugeln eingepackt.
(Abgesehen von den vielen,
die vom Weihnachtsbaume fielen.)
Nadelbaum steht nackt und kahl,
Nadeln liegen, tausendzahl,
auf der Erde, breit verstreut,
was nur wenig mich erfreut.
Neben Nadeln, da und hier,
ein Stern aus Stanniolpapier,
auf dem Teppich kannst Du suchen
eingetretenen Honigkuchen.
In den Ecken stapeln wir
die Reste vom Geschenkpapier.
Kein Ungeziefer überlebt,
weil es noch am Baumharz klebt,
welches, aus dem Baum geleitet,
auf dem Boden sich verbreitet.

Ein Weihnachtsengel liegt wie krank
zerbrochen vor dem Stubenschrank.
Blieb dort ohne Flügel liegen,
meinte wohl, er könne fliegen.
Des Kerzenständers letzter Gruß:
Zimmerdecke schwarz von Ruß.
In der Krippe war viel Stroh,
liegt im Zimmer irgendwo,
auch der Joseph aus der Krippe
ist getrennt von seiner Sippe.
Hoffe sehr, ich treff ihn dann
beim Frühjahrsputzen wieder an.
Chaos herrscht im ganzen Haus,
denke, morgen zieh ich aus,
oder werde Atheist,
weil dann endlich Ordnung ist.